CATALOGUE

DES

ESTAMPES

DE L'ÉCOLE ANGLAISE DU XVIIIᵉ SIÈCLE

PORTRAITS

PIÈCES IMPRIMÉES EN NOIR ET EN COULEUR

COMPOSANT

LA COLLECTION DE M. DE B***

dont la vente aura lieu

Hôtel des commissaires-priseurs, rue Drouot, 5

SALLE N° 4

Les Lundi 2, Mardi 3 et Mercredi 4 Mai 1881

A DEUX HEURES PRÉCISES

Par le ministère de Mᵉ **MAURICE DELESTRE**, commissaire-priseur

RUE DROUOT, 27

Assisté de MM. **DANLOS** Fils et **DELISLE**, marchands d'estampes

QUAI MALAQUAIS, 15

EXPOSITION PUBLIQUE

LE DIMANCHE 1ᵉʳ MAI 1881, DE 2 A 5 HEURES

CONDITIONS DE LA VENTE

Elle sera faite au comptant.

Les acquéreurs paieront cinq pour cent en sus des enchères.

MM. Danlos fils et Delisle, chargés de la vente, se réservent la faculté de rassembler et de diviser les lots.

ORDRE DES VACATIONS

Lundi	2 *mai.*	— Numéros	1 à 232.
Mardi	3 —	— —	233 à 459.
Mercredi	4 —	— —	460 à 617.

DÉSIGNATION

AGAR (d'après Ch.).

1. *Élisabeth de France* (princesse). In-8°. — Très belle épreuve.

2. *Rochefort* (comtesse de), par J. Smith. In-folio. — Belle épreuve.

ALLARD (J.).

3. Départ de Charles II, roi d'Angleterre, de la côte de Scheveling pour l'Angleterre, le 2 juin 1660. Grand in-folio. — Belle épreuve.

ANONYMES.

4. Le bon Médecin. — Les Vapeurs. Deux pièces. — Très belles épreuves.

5. Vue du Pont de Londres. — Très belle épreuve avant la lettre.

6. *Philips* (Thérèse-Constance). In-folio. — Belle épreuve.

ARDELL (J. Mac.).

7. Le Printemps, L'Automne et l'Hiver, d'après Williams. Trois pièces. — Belles épreuves.

8. *Charlotte*, reine de la Grande-Bretagne, par C. Spooner. In-folio. — Belle épreuve.

9. *Garrick* (David), célèbre tragédien, d'après A. Pond. In-folio. — Très belle épreuve.

10. *Pitt* (Williers Clara) célèbre écrivain, d'après Vectri. In-folio. — Très belle épreuve.

BAILLIE (P.-V.).

11. *Schwing* (Oven Mac), 1749, d'après Van Bleck. In-folio. Très belle épreuve.

BARNARD (W.).

12. *Nelson* (Lord) amiral, en pied, d'après Abbott. Grand in-folio. — Très belle épreuve. Marge.

BARON (B.).

13. *Charles* I⁰ʳ à cheval et le duc d'Épernon, d'après Ant. Van Dyck. Grand in-folio. — Très belle épreuve. Toutes marges.

14. *Charles* Iᵉʳ (la famille de), d'après Ant. Van Dyck. Grand in-folio. — Très belle épreuve.

15. *Pembroke* (la famille du comte de), d'après Ant. Van Dyck, Grand in-folio. — Très belle épreuve.

16. *Nassau* (la famille du comte Jean de), d'après Ant. Van Dyck. Grand in-folio. — Très belle épreuve.

BARTOLOZZI (Fr.).

17. L'Affection filiale, d'après Cipriani. — Très belle épreuve.

18. Apothéose de Louis XVI. — Résurrection de la Famille pieuse, d'après Hamilton. — La Séparation de Louis XVI et de sa famille. Trois pièces. — Belles épreuves.

19. Bacchante. — Jeune Femme lisant. — Jeune Femme appuyée sur un globe, d'après Cipriani. Trois pièces. — Belles épreuves.

20. Clytie, d'après P. Battoni. — Épreuve à l'état d'eau-forte.

21. Constance. — Variété. Deux pièces, d'après Morland. — Très belles épreuves. Grandes marges.

22. Cupidon acheté trop cher, d'après une peinture antique. — Très belle épreuve. Grande marge.

23. La Couleur. — La Composition. — Le Dessin. — L'Invention. Suite de quatre estampes, d'après Ang. Kauffmann. — Très belles épreuves (lettres ouvertes).

24. L'Enfant chagrin, par Bartolozzi. — Belle épreuve.

25. Enfant endormi, par S. Marcuard. — Belle épreuve..

26. Fête à Bacchus, d'après Franceschini. — Très belle épreuve avant la lettre.

27. *Imogen's Chamber* (sujet tiré de Shakespeare), d'après W. Martin. — Belle épreuve.

28. Jeune Fille à l'oiseau, d'après H. Ramberg. — Belle épreuve.

29. Jeune Fille versant de l'eau dans une coquille, d'après J. Rigaud. — Belle épreuve.

30. *Lavinia*, d'après Gainsborough. — Belle épreuve.

31. La Jeune Marchande d'oranges, d'après Bennett. — Très belle épreuve.

32. *Lais*, d'après Cipriani. — Très belle épreuve.

33. La Mort de Clorinde, d'après Ang. Kauffmann. — Belle épreuve.

34. La Mort du capitaine Cook, d'après Webber. — Rare épreuve à l'état d'eau-forte.

35. Les Saisons. Suite de quatre estampes, d'après Wheatley et Wertal. — Très belles épreuves. Marges.

36. Tom Jones assistant Molly Seagrim dans le cimetière, d'après Loutherbourg. — Trois épreuves à l'eau-forte, avant et avec la lettre.

37. Vénus et l'Amour. — Ariane. — Lamia. — Enfant dormant, etc., d'après Cipriani. Cinq pièces. — Belles épreuves.

38. *Casentini* (la signora). In-8°. — Superbe épreuve avant la lettre.

39. *Charlotte-Augusta* (la princesse), fille du prince de Galles, d'après R. Cosway. In-folio. — Très belle épreuve.

40. *Elliot* (Lord Georges), gouverneur de Gibraltar, d'après A. Poggi. In-folio. — Très belle épreuve.

41. *Farren* (Miss), en pied, d'après T. Lawrence. Grand in-folio. — Belle épreuve.

42. Le Duc de Newcastle, retournant de la chasse, d'après Wheatley. — Belle épreuve.

43. *Noot* (Charles Vander), conseiller au Conseil des États de Brabant. In-8°. — Belle épreuve.

44. *Spencer* (la comtesse), d'après Reynolds. — Très belle épreuve.

45. *William Henri* (prince), représenté en pied sur un vaisseau, d'après B. West. Grand in-folio. — Très belle épreuve.

46. *Lady Beauclerck et sa sœur*, se reposant sur un canapé. — Très belle épreuve.

47. Six petits Portraits d'Hommes et Femmes Vénitiens. In-8°. — Très belles épreuves.

BARTOLOZZI et autres.

48. Le Souci maternel. — L'Age d'Or. — Hébé. — Apollon. — Diogène, par Sharp. Cinq pièces.

BUNBURY (d'après).

49. Jeune Femme et ses Enfants dans un jardin, par G. Shepherd. — Très belle épreuve avant la lettre.

BENOIST (A.).

50. Procession des Francs-Maçons à Londres, dans le Strand, le 17 avril 1742. Grande pièce en largeur. — Très belle épreuve.

BETTELINI (P.).

51. Aminta. — Très belle épreuve. Grande marge.
52. Enfant s'amusant avec un Chien. — Belle épreuve.

BIGG (W.).

53. Dame et ses Enfants faisant l'Aumône, par Smith. — Belle épreuve.

BLONDEL (F.).

54. Intérieur d'une Prison de Rome. — Superbe épreuve avant
la lettre.

BOUILLIARD (J.).

55. *Bartolozzi* (Franc.), célèbre graveur, d'après P. Violet. In-
folio. — Très belle épreuve. Grande marge.

BOWYER (d'après R.).

56. *Salisbury* (la marquise de), par C. Watson. In-4°. — Très
belle épreuve.

BOWLES.

57. Sujets Allégoriques. Deux pièces. — Très belles épreuves.

BOZE (d'après J.).

58. *Louis XVI*, roi de France, par Leclair. In-8°. — Belle
épreuve.

BRANDOIN (d'après).

59. Vue de la Place des Victoires à Paris, en 1771, par Scra-
thley. — Très belle épreuve. Rare.

BRYON (d'après F.).

60. *Priscilla Tomboy* (Jeune Femme s'amusant avec un Chat),
par Townley. — Belle épreuve.

BUNBURY (d'après).

61. *Adelaide first seen in the Gardens of Bagnieres*, par Bartolozzi. — Très belle épreuve. Marge.

62. Jeune Fille de Modène, par Tomkins. — Très belle épreuve
(lettres ouvertes).

63. La Peinture. — La Pêche. Deux pièces par Dickinson. —
Belles épreuves.

64. *The Dog and Duck.* A Paris, chez Martin. Charmante
pièce intéressante pour les costumes. — Très belle
épreuve.

65. *Love and Hope,* par C. Knight. — Très belle épreuve.

66. Le Scheik-Ibrahim donnant un festin à Noureddin et à
la belle Persane. — Moriziani reconnaît le voleur
arabe et le poignarde. Deux pièces par T. Ryder. —
Très belles épreuves. Grandes marges.

67. Moriziani reconnait le voleur arabe et le poignarde, par
T. Ryder. — Très belle épreuve avant la lettre.

68. Première Entrevue de Werther et Charlotte, par J. Smith.
— Très belle épreuve.

69. Charlotte et ses Enfants, par Bartolozzi. — Très belle
épreuve avant la lettre.

70. L'Homme sensible le soir, par J. Smith. — Très belle
épreuve.

71. Les Recrues, par Watson. — Belle épreuve.

BURKE (T.).

72. *Howe* (Richard), d'après Dekoster. Grand in-folio. —
Belle épreuve.

CANALETTI (d'après).

73. Vue du Temple de Comus dans le Jardin de Vauxhall. —
Belle épreuve.

CARDON et autres.

74. Bataille de Maida, 1806. — Assaut de Seringapatam. —
La Glorieuse Conquête de Seringapatam, d'après Por-
ter. Trois grandes pièces. — Belles épreuves.

CARY (J.).

75. L'Éclaircissement de Peregrine avec sa maîtresse, d'après
A. Trewinyard. — Très belle épreuve. Marge.

CIPRIANI (d'après G. B.).

76. Nymphe couchée, par Bettelini. — Très belle épreuve. Grande marge.

COLLETT (d'après).

77. *A Macarony taking his Morning ride in rotten-row Hyde Park*, par Caldwell. — Belle épreuve.

COLLYER (J.).

78. *Louise*, princesse de Prusse, d'après P. Bardon. In-folio. — Belle épreuve.

COSWAY (d'après R.).

79. L'Affection. — Belle épreuve.
80. La Dévotion (Jeune Femme à genoux). — Très belle épreuve.
81. Monimia visitant la tombe de Lucilius, par J. Smith. — Très belle épreuve.
82. *Beckford* (Horace), par J. Condé. In-folio. — Très belle épreuve.
83. *Bouverie* (M^rs E), par J. Condé. In-folio. — Très belle épreuve.
84. *Georges*, prince de Galles, par L. Sailliar. In-folio. — Très belle épreuve.
85. *Georges*, prince de Galles, par Burke. In-folio. — Belle épreuve.
86. *Tickell* (M^rs), par J. Condé. In-folio. — Très belle épreuve.
87. Portrait de Jeune Femme appuyée sur une fontaine, par J. Condé, In-folio. — Superbe épreuve avant toutes lettres.

COSWAY (Maria) et autres.

88. Astrea instruisant Arthegal. — Sujets tirés de Shakespeare. — Élie d'après Northcote. — Sacrifice d'Abraham d'après Rembrandt. Cinq pièces. — Belles épreuves.

COTES (d'après F.).

89. *Lascelles* (Miss) et son Chien. Grand in-folio. — Très belle épreuve avant toutes lettres.

CRUIKSHANK.

90. Le Départ du Chasseur. — Le Retour du Chasseur. Deux pièces. — Très belles épreuves. Grandes marges.

91. Le Matin. — Le Jour. — La Nuit. Trois pièces, costumes, hommes et femmes, 1828.

DANCE (d'après N.).

92. *North* (Lord), par Burke. Grand in-folio. — Superbe épreuve avant la lettre.

DAYES (d'après E.).

93. Procession royale à Saint-Paul en 1789, par J. Neagle. — Belle épreuve.

DICKINSON (W.).

94. La Folie, d'après R. Pine. — Superbe épreuve avant la lettre.

95. La même estampe. — Belle épreuve.

96. *Mason* (George Lord), évêque, d'après Kettle. Grand in-folio. — Très belle épreuve.

DOO (G.).

97. *Barron* (M^rs of Great Baddon Essex), d'après H. Wyatt. In-folio. — Belle épreuve (lettres grises).

DOWNMANN (d'après J.).

98. Sujets tirés de Tom Jones. Deux pièces, par P. Simon. — Belles épreuves.

99. Entrevue de Tom Jones et de Sophie après la réconcilia-
tion, par L. Clément. — Belle épreuve.

DUBOURG.

100. La Reine sortant de la chambre des Lords, 1821. — Très
belle épreuve avant la lettre.

EARLOM (R.).

101. Exposition à l'Académie royale de peinture en 1771,
d'après Brandoin. — Belle épreuve.

102. Intérieur du Panthéon de Londres, d'après Brandoin.
— Très belle épreuve.

FABER (J.).

103. *Hayley* (Marguerite), d'après Pickering. In-folio. — Très
belle épreuve.

104. *Hucks* (William), d'après Vanderbank. In-folio. — Très
belle épreuve. Marge.

FALCONET (P.).

105. *Betty* (la Marchande de pommes), par J. Dixon. — Belle
épreuve.

106. *Lucinda*, par J. Watson. In-folio. — Très belle épreuve.

FISHER.

107. *Sandby* (Anne), d'après F. Cotes. In-folio. — Belle
épreuve.

FINLAYSON (J.).

108. *Argyll* (Élisabeth Hamilton et Brandon, duchesse d'),
d'après C. Read. Grand in-folio. — Très belle épreuve.
Rare.

109. *Villiers* (Gertrude vicomtesse de), d'après F. Calze,
grand in-folio. — Très belle épreuve.

110. *Zamperini* (la signora), d'après N. Hone. In-folio. — Superbe épreuve avant la lettre.

FRYE.

111. Jeune Dame tenant un éventail. — Belle épreuve.
112. Jeune Femme coiffée d'un bonnet de dentelle. — Belle épreuve.

FULTON (d'après).

113. Marie Stuart dans sa prison, par Ward. Grand in-folio. — Très belle épreuve avec marge.

GAINSBOROUGH (d'après T.).

114. Le Bûcheron, par P. Simor. — Belle épreuve.
115. L'Enfant et son Chien surpris par l'orage, par R. Earlom. — Très belle épreuve avant la lettre.
116. Enfants se promenant dans la campagne. — Enfants et Chiens qui se battent. Deux pièces, par M. Birche. — Très belles épreuves.
117. Le Goûter des Enfants, par Tomkins. — Superbe épreuve avant toutes lettres.
117 *bis*. La même estampe. — Belle épreuve.
118. *Georges*, Prince de Galles, en pied, près de son cheval. Grand in-folio. — Belle épreuve.

GEIGER (A.).

119. Portrait d'un général, d'après F. Abbott. — Très belle épreuve avant la lettre.

GRASSI (d'après).

120. *The Miniature Picture*, par Nolter. — Très belle épreuve. Marge.

GREEN (V.).

121. *Green* (V.) d'après L. Abbott. Grand in-folio. — Très belle épreuve.

122. *Ancram* (Elisabeth, comtesse d'), d'après Falconet. In-folio. — Belle épreuve.

123. *Brushy* (Miss). Enfant tenant un Lapin, d'après Falconet. In-folio. — Très belle épreuve.

124. *Harrison* (Miss), en pied, d'après Kettle. Grand in-folio. — Superbe épreuve avant la lettre.

125. *Hunter* (Catherine), d'après E. Calze. In-folio. — Très belle épreuve avant la lettre.

126. Le même portrait. — Belle épreuve.

127. *Molineux* (lady), tenant un vase, d'après E. Calze. In-folio. — Très belle épreuve avant la lettre.

128. *Nuneham* (George Simon, Lord), d'après Gardner. In-folio. — Très belle épreuve avant la lettre.

129. *Polly Jones*, d'après E. Calze. In-folio. — Belle épreuve.

130. *Youth* (Jeune Garçon et son Chien), d'après Kettle. Grand in-folio. — Très belle épreuve.

131. Éducation. — L'Enfant chagrin. Deux pièces, d'après Page. — Belles épreuves.

GREVEDON (d'après).

132. *Berry* (la duchesse de). In-folio. — Belle épreuve avant la lettre, sur chine.

GRIGNION (C.)

133. *Anson* (Georges), d'après A. Pond. In-8°. — Belle épreuve.

GRIM (d'après S.).

134. *Johm tothe Ladies admire me sal Dab giving monsieur à reciept in full. — Jews recieving stolen Goods. — You've crack'd my pipkin etc.* Quatre pièces par R. Sayer et Bennett. — Très belles épreuves.

GUNST.

135. *Marlborough* (Jean, duc de), d'après Vander Werf. Grand in-folio. — Belle épreuve.

HAMILTON (W.).

136. *Caroline of Lichfield*, par J. Jones et Robertson. — Très belle épreuve.

137. *Constantia*, par Marcuard. — Belle épreuve.

138. Les Saisons. Suite de quatre estampes, par A. Gabrielli. — Très belles épreuves. Toutes marges.

139. Les Douze mois, par Bartolozzi et Gardiner. — Très belles épreuves.

140. Le Matin, par A. Gabrieli. — Belle épreuve. Grande marge.

141. Le Matin, par L. dal Soglio. — Belle épreuve.

142. Le Matin, par Tomkins. — Très belle épreuve. Marge.

143. La Nuit, par F. Delattre. — Belle épreuve.

144. La Bergère des Alpes, par J. Eginton. — Belle épreuve.

145. *Miss Siddons*, dans la tragédie de la Fille grecque, par J. Caldwall. Grand in-folio. — Très belle épreuve.

HARDING (d'après S.).

146. *Béatrice*, par Marcuard. — Très belle épreuve.

HOGARTH (W.).

147. Sujets tirés de son œuvre. — Le Mariage à la mode. — Les Métiers. — Les Quatre parties du jour. — *Beer Street* Gin Lane. — Scènes de Cruautés, etc. Soixante-quinze pièces. Superbes épreuves anciennes avec de grandes marges. Elles seront vendues par suites.

148. Le Mariage à la mode. Suite de six grandes estampes, par R. Earlom. — Très rares épreuves à l'état d'eau-forte.

149. Les mêmes estampes. Quatre pièces. — Très belles épreuves. En feuille.

HOGENBERG?

150. Vues de Londres. — Edimbourg. — Canterbury. — Oxford. — Windsor. Cinq pièces.

HOPPNER (d'après J.).

151. Clara à la Tombe d'Héloïse, par J. Young. Grand in-folio. Très belle épreuve.

152. *The Show*, par Young. — Belle épreuve.

153. *Thisbé*, par W. Nutter. — Très belle épreuve.

154. *Andover* (Jane Elisabeth, vicomtesse), par C. Wilkin. Petit in-folio. — Très belle épreuve (lettres ouvertes).

155. *Bedford* (la duchesse de), en pied, par S. W. Reynolds. Grand in-folio. — Très belle épreuve.

156. *Cholmondeley* (Charlotte, comtesse de) et son fils, en pied, par C. Turner. Grand in-folio. — Très belle épreuve. Grande marge.

157. *Hampden* (Catherine, vicomtesse), par J. Young. In-folio. — Belle épreuve.

158. *Heathcote* (lady), en Hébé, en pied, par J. Ward. Grand in-folio. — Très belle épreuve.

159. *Lichfield* (Caroline de), par J. Dean. In-folio. — Très belle épreuve. Marge.

160. *Parkyns* (Mrs), par C. Wilkin. In-folio. — Très belle épreuve. Marge.

161. *Pitt* (William), debout, par G. Clint. In-folio. — Très belle épreuve.

162. *Roubigné* (Julia de), par J. Dean. In-folio. — Très belle épreuve.

163. *Siddons* (Mrs), par Harrisson. Petit in-folio. — Très belle épreuve avant la lettre.

164. Jeune Femme coiffée d'un grand chapeau, par J. Baldry. Petit in-folio. — Très belle épreuve avant la lettre.

HOUSTON (R.).

165. *Powell* (Miss Hariet), tenant une mandoline, d'après C. Read. Grand in-folio. — Superbe épreuve.

ISABEY (d'après).

166. Salle d'exhibition de J. Isabey à Londres, par W. Bennett. — Très belle épreuve. Grande marge.

JACOBÉ (J.).

167. *Mentschikoff* (la princesse), née Galitzin, d'après A. Graff. In-folio. — Belle épreuve.

JENKINS (J.).

168. Une Course de Chevaux en Angleterre. — Les Chevaux se préparant à courir. Deux grandes pièces, d'après W. Mason. — Très belles épreuves.

JONHSON.

169. *Charlotte Augusta Mattilda*, princesse de la Grande Bretagne, enfant. In-8°. — Belle épreuve.

JONES (J.).

170. Le Retour de l'école, d'après W. Bigg. — Très belle épreuve.

JORDAENS (d'après J.).

171. Le Satyre et le Voyageur, par V. Green. — Très belle épreuve.

KAUFFMANN (d'après Ang.).

172. Abeilard et Héloise surpris par Fulbert. — La Séparation d'Héloïse et d'Abeilard. Deux pièces par Scoromodoff. — Belles épreuves.

173. Les Amusements de l'Amour, par G. Facius. — Belle épreuve.

174. Coriolan, par F. Bartolozzi. — Belle épreuve.

175. Mirande et Ferdinand. — Rosalie Olivier et Celia, d'après Hamilton. Deux pièces faisant pendants, par Tomkins. — Belles épreuves.

176. La Naissance de Shakespeare. — Posthumio con sul de Rome. Deux pièces par Bartolozzi. — Belles épreuves.

177. *Una*, par Th. Burke. — Très belle épreuve.

178. *Bingham* (lady), par J. Watson. Grand in-folio. — Très belle épreuve.

179. *Richmond* (la duchesse de), par Ryland. In-folio. — Très belle épreuve.

180. La Famille *Holstein-Beck*, par R. Morghen. — Belle épreuve.

KNELLER (d'après J.).

181. *Bolton* (la duchesse de), par J. Smith. In-folio. — Très belle épreuve.

182. *Chicheley* (Sarah), par J. Smith. In-folio. — Très belle épreuve.

183. *Cromwell* (lady Elisabeth), par J. Smith. In-folio. — Très belle épreuve.

184. *Grafton* (la duchesse de), par J. Smith. In-folio. Très belle épreuve.

185. *Glocester* (William duc de), par J. Smith. In-folio. — Très belle épreuve.

186. *Hunt* (Arabella), jouant de la Guitare, par J. Smith. In-folio. — Très belle épreuve.

187. *Mostyn* (lady Essex), par J. Smith. In-folio. — Très belle épreuve.

188. *Ormond* (lady Mary, duchesse d') et son Fils, par J. Smith. In-folio. — Très belle épreuve.

189. *Ormond* (la duchesse d') et son Nègre, par J. Smith. In-folio. — Très belle épreuve.

190. *Ranelagh* (la comtesse de), par J. Smith. In-folio. — Belle épreuve.

191. *Rutland* (la comtesse de), par J. Smith. In-folio. — Très belle épreuve.

192. *Sherard* (M^{rs}.), par J. Smith. In-folio. — Très belle épreuve.

193. *Smith* (Jean) graveur, par lui-même. In-folio. — Très belle épreuve.

194. Portrait de Jeune Femme appuyée sur une Console, par J. Smith. In-folio. —Très belle épreuve avant la lettre.

LANCRET (d'après N.).

195. Pastorale. — Belle épreuve.

LASINIO (C.).

196. Escadres anglaise et espagnole en rade de Livourne, en 1794 et 1800, d'après Roselli. — Belles épreuves.

LAWRENCE (d'après Th.).

197. *Charlotte* (la princesse), assise sur un divan. In-folio. Très belle épreuve avant la lettre.

198. *Gordon* (Caroline), duchesse de Richmond, en pied, par Ward. — Belle épreuve (lettres à la pointe).

199. *Peel* (lady), par Samuel Cousino. In-folio. Très belle épreuve avant la lettre (lettres tracées).

200. Dame anglaise, par W. Reynolds. — Belle épreuve (lettres tracées).

201. La Petite à la Capote rouge, par R. Lane. — Très belle épreuve. Marge.

LELY (d'après P.).

202. *Ossory* (Amélia comtesse), par T. Watson. Grand in-folio. —Très belle épreuve.

203. *Rochester* (Henriette, comtesse de), par Watson. Grand in-folio. — Très belle épreuve.

204. *Whitmore* (Lady), par T. Watson. Grand in-folio. — Très belle épreuve.

MARCUARD (S).

205. *Cagliostro*, d'après F. Bartolozzi. In-8°. — Très belle épreuve.

MARTINI (P.).

206. Exposition de peinture à l'Académie royale en 1787, d'après Ramberg. — Très belle épreuve.

207. Portraits de Leurs Majestés et de la Famille royale à l'Exposition de peinture de l'Académie royale en 1789, d'après Ramberg. — Très belle épreuve avec l'inscription tracée à la pointe.

MAUCHARD (d'après).

208. Les Saisons. Suite de quatre pièces représentant des costumes de jeunes femmes. — Belles épreuves.

MEDINA (d'après J. de).

209. *Raydhouse* (Anne), par J. Smith. In-folio. — Belle épreuve.

MERCIER (d'après Ph.).

210. L'École des Garçons. — L'École des Filles. Deux pièces par J. Faber. — Belles épreuves.

211. *Careless Husband.* — *Recruiting officer.* Deux pièces par J. Faber. — Belles épreuves.

MORLAND (d'après. G.)

212. *A Visit to the Child at Nurse,* par Ward. — Très belle épreuve.

213. La Belle Pénitente, — Les Parents vertueux. Deux pièces par Bartolozzi. — Belles épreuves.

214. Le Billet de Logement. — Le Changement de Quartier. Deux pièces par J. Hogg et G. Graham. — Très belles épreuves.

215. Le Colin-Maillard. — Les Enfants navigateurs. Deux pièces par W. Ward. — Très belles épreuves. Toutes marges.

216. Confidence sentimentale des deux amies, par E. Bell. — Belle épreuve.

217. La Constance, par Bartolozzi. — Très belle épreuve.

248. L'Écuyère, par B. Duterrau. — Belle épreuve.

219. Jeune Femme assise près d'une fenêtre ouverte, par E. Dumée. — Très belle épreuve.

220. Jeune Femme et ses Enfants à la porte de la ferme, par B. Duterreau. — Belle épreuve.

221. Jeunes Filles lisant. — Jeunes Filles tenant une chandelle. Quatre pièces, effets de nuit, par P. Dawe. — Superbes épreuves ; une est avant la lettre.

222. Le Bonheur domestique. — La Toilette pour le bal masqué. — L'Enlèvement. Trois pièces par Bartolozzi. — Belles épreuves.

223. Les Fruits de l'Industrie et de l'Économie. — Les Effets des extravagances de la Jeunesse et de la Paresse. Deux pièces par B. Ward. — Belles épreuves.

224. La Pêche à la ligne. — Le Repas des Pêcheurs. Deux pièces par Suntach. — Très belles épreuves. Grandes marges.

225. *Louisa.* Deux sujets faisant pendants, par A. Le Grand. — Très belles épreuves.

226. *Maria* (la Laitière), par Clément. — Belle épreuve.

227. *The Discovery,* par E. Dumée. — Très belle épreuve, Marge.

228. Tom Jones et Sophie Western. — Tom Jones et Molly Segrame chez le Constable. Deux pièces par E. Scott. — Très belles épreuves.

229. Les Recrues. — Le Pardon du Déserteur. Deux pièces par Suntach. — Belles épreuves.

230. Danse des Chiens. — *Guinea Pigs.* Deux pièces par Levilly. — Belles épreuves.

231. L'Éleveur de Chevaux, par J. Smith. — Belle épreuve.

232. La Marchande d'Huîtres. — Le jeune Messager. — Jeune Femme tenant un masque. — La jeune Repasseuse. Quatre pièces par Dawe et Bowles. — Très belles épreuves.

MORTIMER (d'après J.).

233. L'Académie, par Ravenet. — Très belle épreuve.

NEILL (L).

234. *Nelson* (H.), amiral, d'après D. Orme, 1798. In-4°. — Belle épreuve.

NIXON (J. d'après).

235. *Bennet* (Miss Jenny et Nelly), par G. Marchi. In-folio. — Très belles épreuve.

NORTHCOTE (d'après).

236. Le Bonheur conjugal, par E. Dumée. — Belle épreuve.
237. Jeune fille de Toscane, par T. Gaugain. — Très belle épreuve.
238. La Laitière, par Gaugain. — Très belle épreuve avant la lettre.
239. Visite à la Grand'Mère, par J. Smith. — Belle épreuve.
240. *The spell or Hobnelia*, par J. Walker. — Belle épreuve.
241. Sujets tirés de Shakspeare. — Naufrage, etc. Cinq pièces.

NUTTER (W).

242. Jessica et Lorenzo, d'après Shelley. — Très belle épreuve.

PARELL (M. A.)

243. Honi soit qui mal y pense. — Superbe épreuve.

PAGE (d'après R.).

244. *Sensibility*, par J. Young. — Très belle épreuve.

PELHAM (P.).

245. Rubens (P.-P.), d'après lui-même. In-folio. — Très belle épreuve.

PELLEGRINI (d'après).

246. L'Amour vainqueur du Lion, par Vendramini. — Belle épreuve.

PETERS (d'après W.).

247. *A Cremonese Lady*, par R. Smith. — Belle épreuve.

248. Jeunes Filles chantant, par J. Smith. — Très belle épreuve.

249. Jeune Femme et son Enfant tenant des Raisins, par C. Knight. — Très belle épreuve avant la lettre.

250. Les Joueurs, par W. Ward. — Rare épreuve avant toutes lettres.

251. La même estampe. — Belle épreuve.

252. L'Ouvrière en dentelles, par Ph. Dawe. — Très belle épreuve avant la lettre.

253. *Lydia*, par W. Dickinson. — Très belle épreuve.

254. *Stephenson* (Miss) étudiant la musique, par W. Dickinson. In-folio. — Très belle épreuve.

255. Les Sorcières de Windsor, par P. Simon. — Très belle épreuve.

POLLARD (R.).

256. *Lamberti Leap* (accident de M. Lambert), par P. Dawe. — Très belle épreuve.

257. Saint-Preux et Julie, d'après Wheatley. — Belle épreuve.

258. L'Enfant timide, d'après R. Paye. — Belle épreuve.

259. Vue du Procès de Warren Pastings, en présence de la cour des Pairs, tenu à la salle de Westminster, d'après E. Dayes. — Très belle épreuve.

260. Revue des troupes par sa Majesté à Black Heath, d'après W. Mason. — Très belle épreuve.

BAGGI (A.-C.).

261. *Washington* en pied, près de son Cheval, d'après Trumbull. Grand in-folio. — Très belle épreuve avant la lettre.

PURCELL (R.).

262. Portrait de Jeune Femme, coiffée d'un chapeau, d'après
Vander Myn. In-folio. — Belle épreuve.

PURCIL (R.).

263. Georges III, roi de la Grande-Bretagne, d'après J. Meyer.
In-folio. — Très belle épreuve.

RAMSAY (d'après).

264. *Campbell* (lady Mary), en pied, par Mac Ardell. Grand in-
folio. — Très belle épreuve.

265. *Lenox* (lady George), par Corbutt. In-folio. — Très belle
épreuve.

266. Portrait de Jeune Femme coiffée à l'Italienne, par Mac
Ardell. In-folio. — Très belle épreuve.

READ (d'après).

267. *Argyll* (Élisabeth d'Hamilton et Brandon, duchesse d')
par J. Finlayson. Grand in-folio. — Très belle épreuve.

268. *Harriet* Powel (Miss), tenant une Guitare, par R. Houston. Grand in-folio. — Superbe épreuve. Marge.

269. *Trimmer* (Miss) tenant un Chat, par J. Watson. — Très
belle épreuve.

REMBRANDT (d'après).

270. Portrait de la Femme de Rembrandt dans le costume
d'une Mariée Juive, par W. Pether. — Très belle
épreuve.

271. La Coupeuse d'ongles (portrait de la mère de Rembrandt). — Très belle épreuve.

REYNOLDS (d'après sir Joshua).

272. *Abington* (M^{rs}), par Watson, en pied. Grand in-folio. —
Très belle épreuve.

273. *Amherst* (Sir Jeffry), gouverneur en Virginie, par J. Watson. In-folio. — Très belle épreuve.

274. *Ancaster* (Marie duchesse d'), par R. Houston. In-folio. — Belle épreuve.

275. *Aylesford* (comtesse d'), par V. Green. Grand in-folio. Très belle épreuve.

276. *Baccelli* (Mademoiselle), par J. Smith. In-folio. — Très belle épreuve. Marge.

277. *Barrington* (M^rs), par R. Houston. In-folio. — Belle épreuve.

278. *Bastard* (Mrs Anne), par Mac Ardell. In-folio. — Belle épreuve.

279. *Bartolozzi* (Fr.), célèbre graveur, par R. Marcuard. In-folio. — Très belle épreuve (lettres tracées).

280. *Berkeley* (Élisabeth, comtesse de), par Mac Ardell. In-folio. — Très belle épreuve.

281. Le même personnage, par R. Purcell. In-folio. — Très belle épreuve.

282. *Bingham* (Miss). — *Spencer* (la comtesse). Deux pièces par Bonnefoy. In-4°. — Belles épreuves.

283. *Boothby* (Miss Penelope), par T. Park. In-folio. — Très belle épreuve.

284. *Bosville* (Miss), par J. Watson. In-folio. — Belle épreuve.

285. *Bouverie* (M^rs) et Mrs *Crewe*, par Marchi, 1785. Grand in-folio. — Très belle épreuve avant la lettre.

286. *Campbell* (lady Ann), comtesse de Strafford, par T. Johnson. In-folio. — Très belle épreuve.

287. Le même personnage, par Mac Ardell. In-folio.

288. *Cholmondeley* (M^rs), par Watson. In-folio. — Très belle épreuve avant la lettre, mal conservée.

289. Le même portrait. — Belle épreuve.

290. Le même personnage, par Marchi. Grand in-folio. — Très belle épreuve.

291. *Coventry* (Barbara, comtesse de), par Watson. Grand in-folio. — Très belle épreuve.

292. *Crewe* (Miss Emma et Miss Élisabeth), par J. Dixon. Grand in-folio. — Superbe épreuve avant la lettre.

293. *Crosbie* (Diana, vicomtesse de), en pied, par W. Dickinson. Grand in-folio. — Très belle épreuve.

294. *Dashwood* (Élisabeth, duchesse de Manchester) et son Enfant, par J. Watson. Grand in-folio. — Belle épreuve.

295. *Delmé* (lady Betly) et ses Enfants, par V. Green. Grand in-folio. — Belle épreuve.

296. *Essex* (Frances, comtesse d'), par Mac Ardell. In-folio. Très belle épreuve.

297. Le même personnage, par Purcell. In-fol. — Belle épreuve.

298. *Felina*, par J. Collyer. — Très belle épreuve.

299. *Fitz-Patrick* (lady Gertrude), par J. Dean. In-folio. — Belle épreuve.

300. *Fitz-William* (lady Charlotte), par Mac Ardell. In-folio. — Très belle épreuve.

301. *Fisher* (Miss Kitty), dans le rôle de Cléopâtre, par E. Fisher. In-folio. — Belle épreuve.

302. *Granby* (Georges Manners, marquis de), par Houston. In-folio. — Belle épreuve.

303. *Garrick* (David) entre la Comédie et la Tragédie, par Earlom. — Très belle épreuve.

304. *Grantham* (Lord) et les Deux Frères Robinson, par Cheesman. In-folio. — Très belle épreuve. Marge.

305. *Gordon* (Miss Frances Isabella), par P. Simon. — Très belle épreuve.

306. *Hartley* (Mrs) et son Fils, par G. Marchi. Grand in-folio. — Très belle épreuve.

307. *Harris* (Miss Frances), par J. Grozer. Grand in-folio. — Belle épreuve.

308. *Harrington* (Jeanne, comtesse d') et ses Enfants, par Bartolozzi. In-folio. — Très belle épreuve avec marge.

309. *Hastings* (lady Selina), par R. Houston. In-folio. — Belle épreuve.

310. Le même personnage, par Ch. Spooner. In-folio. — Très belle épreuve.

311. *Hoare* (Master Henry), par C. Wilkin. In-folio. — Très belle épreuve.

312. *Hope* (Mrs William), d'Amsterdam, par Hodges. In-folio. — Belle épreuve.

313. *Horneck* (Miss), par R. Dunkarton. Grand in-folio. — Très belle épreuve.

314. *Irwin* (M^{rs}), par R. Houston. In-folio. — Très belle épreuve.

315. *Johnston* (lady Charlotte), par Watson. In-folio. — Belle épreuve.

316. *Kauffmann* (Anglica). par E. Morace. — Très belle épreuve avant l'adresse de l'éditeur.

317. *Kennedy* (Miss Polly), par J. Watson. Grand in-folio. — Très belle épreuve.

318. *Kingsley* (William), par R. Houston. In-folio. — Très belle épreuve.

319. *Lesbia,* par Bartolozzi. — Très belle épreuve.

320. *Lee* (lady Élisabeth), par Fisher. In-folio. — Belle épreuve.

321. *Leslie* (lady Mary), par Spilsbury. Grand in-folio. — Très belle épreuve.

322. *Marlborough* (Caroline, duchesse de) et sa fille, par R. Houston. Grand in-folio. — Très belle épreuve.

323. *Marlborough* (Caroline, duchesse de), par R. Purcell. In-folio. — Épreuve coloriée.

324. *Molineux* (lady), par Watson. In-folio. — Belle épreuve.

325. *Morris* (M^{rs}) et son Fils, par R. Smith. Grand in-folio. — Très belle épreuve.

326. *Mure* (Miss), par J. Faber. In-folio. — Très belle épreuve.

327. *Nelly O'Brien* (Miss), par J. Watson. Grand in-folio. — Très belle épreuve.

328. *Nelly O'Brien*, assise dans un Parc, par Ch. Phillips. Grand in-folio. — Très belle épreuve. Fort rare.

329. *Nelly O'Brien*, par Ch. Spooner. In-folio. — Très belle épreuve.

330. *Northumberland* (Hugh Percy, duc de), par E. Fischer. Grand in-folio. — Belle épreuve.

331. *Mrs Parker*, en pied, par Th. Watson. Grand in-folio. — Belle épreuve.

332. *Pembroke* (Henri, comte de) et de Montgomery, par J. Dixon. In-folio. — Très belle épreuve.

333. *Powlet* (lady Catherine), par Smith. Grand in-folio. — Belle épreuve.

334. *Rodney* (Georges), amiral, par J. Watson. In-folio. — Très belle épreuve.

335. *Saunders* (Charles), par Mc Ardell. In-folio. — Belle épreuve.

336. *Mrs Siddons*, par H. Dawe. In-folio. — Très belle épreuve, (lettres grises.)

337. *Smith* (lady) et ses Enfants, par Bartolozzi. In-folio. — Très belle épreuve. Grande marge.

338. *Spencer* (Lady Charles), debout près de son cheval, par W. Dickinson. Grand in-folio. — Très belle épreuve.

339. *Spencer* (lady Charles), par Finlayson. In-folio. — Belle épreuve.

340. *Spencer* (Georgiana, lady vicomtesse), par Watson. In-folio. — Très belle épreuve avant la lettre.

341. Le même portrait. — Très belle épreuve.

342. *Stanhope* (M^rs), par J. Smith. Grand in-folio. — Belle épreuve.

343. *Townshend* (Anne, vicomtesse de), par V. Green, en pied. Grand in-folio. — Très belle épreuve.

344. *Townshend* (lord John), par J. Jones. In-folio. — Très belle épreuve.

345. *Tenoulhet* (lady), par R. Purcell. In-folio. — Belle épreuve.

346. *Waldegrave* (Marie, comtesse de) et sa Fille, par R. Houston. Grand in-folio. — Magnifique épreuve avant toutes lettres.

347. Le même personnage, par Corbut. In-folio. — Très belle épreuve.

348. Jeune Femme debout tenant un Vase et son Enfant, par Mac Ardell. Grand in-folio. — Très belle épreuve.

349. Jeune Femme coiffée d'un Chapeau, par Mac Ardell. In-folio. — Belle épreuve.

350. Portraits de Jeunes Femmes, par M. Ardell et Fischer. Deux pièces. — Belles épreuves.

351. Duchesse d'*Ancaster*. — *Miss Bouverie* et autres. Quatre portraits. — Belles épreuves.

352. La Vierge et l'Enfant Jésus, par R. Smith. — Très belle épreuve.

353. La Diseuse de Bonne Aventure, par Sherwin. — Superbe épreuve.

354. Vénus et l'Amour, par Bartolozzi. — Très belle épreuve.

355. La Bacchante, par J. Smith. — Très belle épreuve.

356. *The affectionate Brothers*, par Bartolozzi. — Très belle épreuve.

357. La Jeune Fille tenant un Chat, par W. Senus. — Superbe épreuve avant la lettre. Toute marge.

358. Le Masque. — L'Apparition. Deux pièces par Schiavonetti. — Très belles épreuves. Marges.

RIGAUD (d'après F.).

359. La duchesse de C*** reconnue par ses Parents dans une Caverne. — La Duchesse de C*** donnant sa Fille au comte Belmire. Deux pièces par Schiavonetti. — Très belles épreuves.

360. Le comte de Bellemire, par J. Hogg. — Très belle épreuve. Marge.

361. *Gualthurs an Griselda*, par Partorini. — Belle épreuve.

RICHTER (H.).

362. *The Mayor of Garratt.* — Très belle épreuve.

ROBERTSON (d'après G.).

363. Vues de Londres et de Windsor. Suite de quatre pièces par Lerpinière et Fittler. — Très belles épreuves avant la lettre.

ROMNEY (d'après G.).

364. La Couturière, par Cheesman. — Très belle épreuve.

365. *Madame Jordan, in the character of the Country Girl,* par J. Ogborne. — Très belle épreuve. Marge.

366. *Humphry (Ozias),* peintre en miniature, par V. Green. In-folio. — Très belle épreuve.

RUBENS (d'après P.-P.).

367. Daniel dans la Fosse aux Lions, par W. Ward. — Très belle épreuve.

RUSSELL (d'après J.).

368. *Tom and his Pidgeons,* par C. Knight. — Belle épreuve.

RYDER (J.).

369. La Dernière Entrevue de Charlotte et de Werther. — Superbe épreuve (lettres ouvertes).

370. *A visit to the Woman of the lime trees* (sujet tiré de Werther), d'après G. Ryley. — Très belle épreuve.

371. Intérieur de Famille (*Domestic Happiness*), d'après J. Hucle. — Très belle épreuve. Marge.

SAVAGE (E.).

372. *Washington* (la famille de). Grand in-folio. — Belle épreuve.

SAYER (R.).

373. *Harriett* (Miss). In-folio. — Belle épreuve.

SCHIAVONETTI (L.).

374. *Caroline*, princesse de Galles, d'après Fulham. Grand in-4°. — Très belle épreuve.

375. *Cuningham* (le duc de). In-4°. — Très belle épreuve avant la lettre.

376. *Haydn* (Joseph). In-folio. — Très belle épreuve. Grande marge.

SHERWIN (J.).

377. *Ward* (M^{rs}), coiffée d'un turban. Grand in-folio. — Très belle épreuve.

SMIRKE (d'après R.).

378. Tentative d'assassinat sur le roi Georges III, le 2 août 1786, par R. Pollard. — Belle épreuve.

379. Les quatre Parties du Jour, par G. Testolini. Quatre pièces. — Belles épreuves.

SMIRKE et autres.

380. Illustrations pour les Œuvres de Shakspeare. Vingt-trois pièces. — Très belles épreuves.

SMITH (J. par et d'après).

381. Annette et Lubin, par W. Ward. — Très belle épreuve.

382. Promenade à Carlisle House, 1781. — Superbe épreuve. Les deux Jeunes Élégantes que l'on remarque au milieu de la composition sont la *duchesse de Devonshire et lady Duncannon*. Très rare.

383. *Painting* (Jeune Femme se fardant), 1783. — Très belle épreuve.

384. La Bergère, d'après Woodford. — Très belle épreuve. Marge.

385. Charlotte au tombeau de Werther. — Belle épreuve.

386. Les Contes de la Veuve, par W. Ward. — Très belle épreuve. Toute marge.

387. Les Deux Sœurs. — Très belle épreuve.

388. L'Innocence et l'Ancien beau. — Très belle épreuve.

389. *A Lecture on Gadding*, par F. Bartolozzi. — Belle épreuve.

390. Le Moraliste, par W. Nutter. — Très belle épreuve.

391. Le Retour au Village. — Belle épreuve avant la lettre.

392. La Vieillesse et l'Enfance, d'après Opie. — Très belle épreuve.

393. Visite au Grand-Père, par W. Ward. — Très belle épreuve.

394. L'Enfant Spartiate, d'après N. Hone. — Belle épreuve.

395. *Cross* (M^rs), actrice, d'après Th. Hill. In-folio. — Belle épreuve.

396. *King* (Mary), d'après Hamilton. In-folio. — Très belle épreuve avant le nom du personnage.

397. *Roydhouse* (Anne), d'après J.-B. de Medina. In-folio. — Très belle épreuve.

398. Mrs *Nills*, d'après Engleheart. In-folio. — Très belle épreuve.

SMITH (d'après J.).

399. *Caroline*, par W. Senus (joli portrait de femme). In-folio. Très belle épreuve.

SINGLETON (d'après J.).

400. La Cour de la Métairie, par Nutter. — Très belle épreuve.

401. L'Industrieuse Mère. — Les bons Enfants. Deux pièces par F. Grozer et Murphy. — Belles épreuves.

402. Nature, par J. Godby. — Belle épreuve.

403. La Mort du major Pierson, par A. Kesler. — Belle épreuve.

SPILSBURY.

404. *Pond* (Miss). Grand in-folio. — Très belle épreuve.

SPOONER (Ch.).

405. *Nancy Dawson.* In-folio. — Très belle épreuve.

STOTHARD (d'après).

406. Première Entrevue de Cécile et de Miss Belfield, par Ogborne. — Belle épreuve.

407. Sujet tiré de Werther, par Parker. — Très belle épreuve avant la lettre.

408. Charles II conversant avec la Famille du colonel Windham. — Entrevue de Lord et Lady Russell avec leurs Enfants. Deux pièces par C. Knight. — Belles épreuves.

409. Allégorie sur l'Inde vengée, par R. Pollard. — Belle épreuve.

410. Jeune Femme regardant le Portrait de son Amant. — Les Servantes de village, etc. Quatre pièces, par J. Taylor.

STRANGE (R.).

411. Esther et Assuérus, d'après le Guerchin. — Belle épreuve.

TISCH|BEIN (d'après F.).

412. Portraits de la Reine et de la Princesse Louise de Prusse, en pied, par Schiavonetti. Grand in-folio. — Belle épreuve.

THOMAS (W.).

413. *Skiddaw* (la Voiture enrayée), d'après Loutherbourg. — Superbe épreuve avant la lettre.

TOMKINS (W.).

414. *Hobnelia et Lubberkin,* d'après J. Conyers. — Très belle épreuve.

415. *Louisa,* d'après R. Nixon. — Très belle épreuve avant la lettre.

416. Zilia au Temple du Soleil, d'après Miss Drax. — Belle épreuve.

TURNER (C.).

417. *Stafford* (Élisabeth, marquise de). In-folio. — Belle épreuve.

TURNER (Ch.) et autres.

418. Maximilien (l'empereur). — Charles V. — Guillaume Ier, prince d'Orange. — Jacques Ier, roi d'Angleterre. — Charles, prince de Galles. — Frédéric V, roi de Bohême, Marie, reine d'Écosse et Henri Darnley. — Henri, prince de Galles. — Christian IV, roi de Danemark, et son fils Frédéric, Élisabeth. — Cromwell. — Henri IV, roi de France. — Jacques Ier et sa famille. Quatorze pièces in-folio d'après d'anciennes estampes. — Très belles épreuves avant la lettre (lettres ouvertes).

WALKER (W.).

419. *Walter Scott,* d'après H. Raeburn. In-folio. — Très belle épreuve (lettres tracées).

WARD.

420. *Leinster* (*Lucy of*). — Très belle épreuve. Grande marge.

WATSON (J.).

421. *Beatson* (Miss), dessinant, d'après C. Read. In-folio. — Très belle épreuve.

422. *Elliot* (Miss), en pied, d'après Kettle. Grand in-folio. — Très belle épreuve.

423. *Jersey* (la comtesse de), d'après D. Gardner. In-4°. — Belle épreuve.

424. *Swan* (Miss Anna), d'après W. Thompson. In-folio. — Très belle épreuve.

425. Portrait d'après Hamilton. In-folio. — Superbe épreuve avant la lettre.

426. Portrait de Jeune Femme appuyée sur un mur de jardin, d'après F. Cotes, 1768. Grand in-folio. — Très belle épreuve avant la lettre.

427. Portrait de Jeune Femme tenant un médaillon, (*Lady Bridges*) d'après F. Cotes. In-folio. — Très belle épreuve.

WEST (d'après B.).

428. La Famille de B. West, par G. Facius. Grand in-folio. — Belle épreuve.

429. La Bataille de la Hogue, par Klauber. — La Mort du capitaine Cook, par Byrne. Deux pièces. — Belles épreuves.

430. *Octave* (Prince Royal), enfant, par Facius. In-folio. — Belle épreuve.

WESTALL (d'après R.).

431. *The Shelter'd Lamb,* par F. Gaugain. — Très belle épreuve. Grande marge.

WHEATLEY (d'après).

432. Les Amants des Alpes, par Bransom. — Belle épreuve.

433. Céladon et Cécilia, par P. Simon. — Belle épreuve.

434. *The four Phiols,* par W. Ward. — Très belle épreuve.

435. *The Gold-finch,* par Bartolozzi. — Très belle épreuve.

436. Jeune Femme lisant, appuyée sur un canapé, par R. Stanier. — Très belle épreuve.

437. *Lauretta,* par Bartolozzi. — Très belle épreuve.

438. Lindor et Clara. Deux sujets faisant pendants, par R. Stanier. — Très belles épreuves.

439. La Marchande de Poisson *(New Makrel)*, par Schiavonetti. — Très belle épreuve. Grande marge.

440. Le Retour de la Laitière, par C. Turner. — Très belle
épreuve. Grande marge.

441. Le Retour du Marché, d'après Knight. — Belle épreuve.

442. Incendie dans Broad street, le 7 juin 1780, par J. Heath.
— Très belle épreuve avant la lettre.

443. La même estampe. — Belle épreuve.

WHITE (G.).

444. *Allan Ramsay*, peintre, d'après Aikman. In-folio. — Très
belle épreuve.

WILKIN (C.).

445. *Fitzpatrick* (lady Gertrude). Petit in-folio. — Très belle
épreuve avant la lettre.

446. *Villiers* (lady Gertrude). Petit in-folio. — Très belle
épreuve avant la lettre.

WILKINSON (R.).

447. *The Hireling-Constable* (scène de mœurs curieuse). —
Très belle épreuve.

WILLE (G.).

448. *Stuart* (Charles), prince de Galles, d'après L. Tocqué.
Grand in-folio. — Belle épreuve.

WILSON (G. d'après).

449. *Hunter* (Miss), par C. Corbutt. In-folio. — Très belle
épreuve.

450. *Nailler* (Miss), en Hébé, d'après R. Pine. In-folio. — Très
belle épreuve.

3

WOOLLETT (W.).

451. La Mort du général Wolff, d'après B. West. — Très belle épreuve.

452. Vue du Canal et de la Tour gothique dans le jardin du duc d'Argyll à Whitton. — Très belle épreuve.

453. Vue de la Maison du comte de Westmoreland, dans la province de Kent. — Belle épreuve.

YOUNG (J.).

454. La Femme morte et son enfant, d'après P. Hoare. — Très belle épreuve.

ZOFFANY (d'après J.).

455. L'Académie royale, par R. Earlom. — Très belle épreuve.

456. Combat de Coqs devant le colonel Mordant et d'une réunion de personnages distingués à Lucknow en 1786, par R. Earlom. — Très belle épreuve avec le trait explicatif.

457. La Famille de Georges III, par R. Earlom. Grand in-folio en larg. — Très belle épreuve.

458. *Georges III*, roi de la Grande-Bretagne, par R. Houston. Grand in-folio. — Belle épreuve.

459. *Thomas King et Sophie Baddeley*, par Earlom. — Belle épreuve avant la lettre.

ESTAMPES IMPRIMÉES EN COULEUR

ALLEN (d'après H.).

460. La Chasse au Renard. Suite de sept pièces, par Sutherland. — Très belles épreuves encadrées.

ALKEN (S.).

461. *The Bachelor*.

ANONYME.

462. Vestris dansant. In-folio. — Très belle épreuve. Marge.

BAILLIE (W.).

463. *Mountstuart* (lord), d'après Hone. In-folio. — Très belle épreuve.

BARTOLOZZI (F.).

464. Le Colin-Maillard, d'après Ang. Kauffmann. — Très belle épreuve.

465. *Summer*. — *Spring*. Deux pièces, d'après Cipriani. — Très belles épreuves. Grandes marges.

466. Vénus présentant Cestus à Junon, d'après Cipriani. — Belle épreuve. Marge.

467. Sacrifice à l'Amour, d'après Cipriani. — Belle épreuve.

468. La Naïade, d'après Cipriani. — Très belle épreuve.

469. *Adelaïde first seen in the Gardens of Bagnieres*, d'après Bunbury. — Très belle épreuve avant la lettre.

470. *Cecilia Everard.* — *Sophronia.* Deux pièces. — Très belles épreuves.

471. *Griselda*, d'après Ang. Kauffman. — Belle épreuve.

472. *Gualterus* et *Grisalda*, d'après Ang. Kauffman. — Belle épreuve.

473. Jupiter et Junon sur le mont Ida, d'après Cipriani. — Très belle épreuve. Grande marge.

474. Compositions mythologiques, d'après Cipriani. Suite de six pièces. — Très belles épreuves.

475. Amélie, princesse de la Grande-Bretagne; d'après W. Lawrence. — Très belle épreuve. Grande marge.

476. *Bothwells Lament* (lady Anne), contemplant son Enfant endormi, d'après Bunbury. — Très belle épreuve.

477. *Spencer* (la comtesse), d'après Reynolds. In-4°. — Très belle épreuve.

478. *Maria*, d'après Benwel. — Très belle épreuve.

479. Jeune Femme en costume d'homme, d'après Gainsborough In-8°. — Très belle épreuve.

BARBIER (d'après).

480. Offrande à Diane, d'après lady Lincoln. — Très belle épreuve.

BELL (E.).

481. Orange (le prince d'). In-folio. — Belle épreuve.

BEN TALLY (H.).

482. Les Accidents du Sport. — Les Misères de la Chasse. Quatorze pièces. Rares.

BIGG (d'après W.).

483. Le Départ pour l'École. — Le Retour de l'École. Deux pièces faisant pendants, par J. Jones. — Très belles épreuves.

484. *The Truants.* — *The Romps.* Deux pièces faisant pendant, par W. Ward. — Très belles épreuves.

BOITARD (d'après).

485. Le Départ et le Retour du Matelot. Deux pièces par J. Booth.

BOWLES (Carington).

486. L'Hiver. — Les Plaisirs du Patinage. — *Spring.* Trois pièces, d'après J. Collet. — Très belles épreuves.

487. Réunion de connaissance dans une vente de peintures, 1773. Pièce curieuse. — Très belle épreuve.

488. Attentat de Marguerite Nicholson contre Georges III, le 2 août 1786. — Épreuve coloriée.

BRETON (à Paris, chez madame).

489. *The Poor Soldier.* — Très belle épreuve.

BUCLE (d'après A.).

490. Un Menuet à la françoise, par Piercy Roberts. — Très belle épreuve.

BUNBURY (d'après)

491. Les Emplois du Matin, par Tomkins. — Très belle épreuve.

CHEVAUX (d'après).

492. La Douce Illusion, par Drarig. — Très belle épreuve.

CHEESMAN (T.).

493. *Bloomfold* (Miss), d'après Buck. In-folio. — Très belle épreuve.

484. *Moutain* (M^{rs}), d'après Buck. In-folio.. — Très belle
épreuve.

495. *Waddy* (Miss), d'après Buck. In-folio. — Très belle
épreuve.

COLIBERT.

496. Jeux d'Enfants. Deux pièces. — Belles épreuves.

COLLYER (J.).

497. Banks (Joseph), président de la Société Royale, d'après
Russel. In-8°. — Très belle épreuve. Marge.

COSWAY (M.).

498. L'Affection. — Très belle épreuve.

COSWAY (d'après R.).

499. *Abington* (M^{rs}), dans le rôle de Thalie, par F. Bartolozzi.
In-folio. — Très belle épreuve.

500. *Récamier* (madame), par A. Cardon. In-folio. — Très
belle épreuve.

501. Jeune Dame, en pied, par W. Dickinson. In-folio. —
Très belle épreuve avant la lettre.

COYPEL (d'après).

502. Vertumne et Pomone, par Benazzi. — Belle épreuve.

CRUIKSHANK, HEATH, ROWLANDSON
et autres (d'après).

503. Caricatures politiques, Scènes de mœurs anglaises et
françaises sur les modes. — Caractères de Paris. —
Les Servantes de maison. — Intérieur de société, etc.
Deux cent soixante-trois pièces. — Collection très intéressante et rare. Sera divisé.

504. Beautés de Brighton, 1826. — Monstruosités, 1827. —
Deux pièces curieuses.

DAGOTY (G.).

505. Vénus endormie, d'après le Titien. — Très belle épreuve.

DURMER (J.).

506. Vénus et l'Amour. — Très belle épreuve.

FACCIUS (d'après S.).

507. La Naissance de Vénus, d'après J. Barry. — Très belle épreuve.

FORES (S.-W.).

508. *The Comfort and convenience of tight-dresses.* — Pièce curieuse.

509. — *Kings Place, or a wiew of M... best Friends.*

GAINSBOROUGH (d'après).

511. *Derby* (le comte de), par G. Keating. Grand in-folio. — Très belle épreuve.

GARDNER (d'après D.).

512. *Crewe* (M^{rs}), par Th. Watson. In-folio. — Très belle épreuve.

GILLRAY (J.).

513. La Tendre Mère. — L'Heureuse Mère. Deux pièces d'après Lavinia, comtesse Spencer. — Très belles épreuves.

514. Vues du Château de Bryanston, du Port de Londres, de Toreness et du Port de Saint-Malo. Quatre pièces. — Très belles épreuves.

HARDING (d'après S.).

515. La Naissance de la Liberté de l'Amérique (allégorie), par Ogborne. — Très belle épreuve.

516. *Cymbeline. — Florizel et Perdita.* Deux pièces par Tomkins. — Belles épreuves.

517. Le Messie, par N. Gardiner. — Belle épreuve.

HOPPNER (d'après J.).

518. *Bedford* (François duc de), par Tomkins. In-folio. — Très belle épreuve.

519. *Bouverie* (Mrs), par J. Smith. — Très belle épreuve.

520. *Infant Vanity,* par J. Young. — Belle épreuve.

HUMPHREY (d'après).

521. *Steward's Court of the Manor of Towe Devon.* Caricature très curieuse sur la reine Caroline.

522. *Procession to the Hustings after a successful Canvas.*

523. Les Prêteurs d'argent, 1784.

JAZET.

524. Adieux de Charles Ier à sa Famille. — Cromwell dissout le Parlement. Deux pièces d'après Woodforde et West. — Belles épreuves.

JORDAENS (d'après J.).

525. Le Satyre et le Voyageur par V. Green. — Très belle épreuve.

KAUFFMANN (d'après Aug.).

526. La Vierge et l'Enfant Jésus, par V. Green. — Très belle épreuve avant la lettre.

527. Abeilard et Héloïse surpris par Fulbert. — La Séparation d'Héloïse et d'Abeilard. Deux pièces par Scorodomoff. Très belles épreuves, imprimées à la sanguine.

528. Les mêmes estampes. — Très belles épreuves imprimées en différentes couleurs.

529. La Mort d'Héloïse, par T. Burke. — Très belle épreuve.

530. *Abra*, par Burke. — Très belle épreuve.

531. *Eloisa*, par W. Ryland. Très belle épreuve.

532. Maria (sujet tiré du *Voyage sentimental* de Stern), par W. Ryland. — Très belle épreuve.

533. *Una*, par Th. Burke. — Très belle épreuve.

534. *The growing Desire*, par de Lépinay. — Belle épreuve.

535. Diane. — Allégorie. Deux pièces, par Delattre. — Très belles épreuves avant la lettre.

536. Prætextatus et sa Mère, par Th. Burke. — Très belle épreuve.

537. L'Amour et les Trois Grâces, par Scorodomoff. — Très belle épreuve.

538. L'Amour tirant de la flèche sur les Grâces, par Scorodomoff. — Très belle épreuve avant la lettre.

539. L'Offrande à l'Amour. — L'Amour et les Grâces. Deux pièces par Scorodomoff. — Belles épreuves.

540. Offrande à Priape. — Très belle épreuve.

541. Aux Mânes de J.-F. Chereau, gravé à la sanguine, par Lucien. — Très belle épreuve.

542. La même composition, imprimée en couleur.

543. Cinion et Iphigénie. — L'Amour endormi. — L'Amour et les Trois Grâces. Trois pièces par W. Ryland. — Belles épreuves.

544. L'Amour et les Grâces. — Les Couseuses. — La Vierge à la Chaise. Cinq pièces. — Belles épreuves.

LE GRAND (A.).

545. *Almeida* (Jeune Femme coiffée d'un grand chapeau). — Très belle épreuve.

LEWIS.

546. Retour de la Revue du Champ-de-Mars à Paris, d'après Bryon. — Très belle épreuve.

547. Visite au Couvent à Amiens, d'après Bryon. — Très belle épreuve.

LOCKE (d'après W.).

548. Les Deux Sœurs dansant, par Mme Bori. — Très belle épreuve.

MARTINET.

549. L'Après-Dîner des Anglais à Londres.

MENAGEOT (R.).

550. *Bartolozzi* (François), célèbre graveur, 1783. In-folio. — Très belle épreuve.

MERCIER (d'après).

551. Le Feu. — La Terre. Deux pièces, par R. Houston. — Très belles épreuves.

MORLAND (d'après G.).

552. Saint James Park, par F.-D. Soiron. — Très belle épreuve.

553. *The Tavern Door*, par Bartolozzi. — Belle épreuve.

554. *Louisa*, par Le Grand. — Belle épreuve.

555. Constance. — Variété. Deux pièces par Bartolozzi. — Belles épreuves.

556. *Delia in the Country*, par J. Smith. — Très belle épreuve.

557. *The Kite entangled*, par W. Ward. — Belle épreuve.

558. *Dancing Dogs*. — *Guinea Pigs*. Deux pièces par Gaugain. Belles épreuves.

559. Vie de Lœticia. Suite de six sujets, par J. Smith. — Très belles épreuves.

560. Scènes rustiques, 1792. Deux pièces. — Belles épreuves avant la lettre.

NORTHCOTE (d'après).

581. Jeune Fille de Toscane. — Jeune Fille aveugle des environs de Rome. Deux pièces par Gaugain. — Très belles épreuves.

Les mêmes estampes. — Très belles épreuves.

582. Le Pouls, par Parker. — Très belle épreuve. Marge.

OPIE (d'après).

583. *Shield* (W.), par Dunkarton. In-folio. — Très belle épreuve.

ORNNE (D.).

584. *Caroline de Lichfield* regardant une miniature. — Belle épreuve.

PETERS (d'après).

585. Les Joueurs. — La Diseuse de Bonne Aventure. Deux pièces par W. Ward. — Très belles épreuves.

POLLARD (R.).

586. Le lieutenant Mody dans sa Prison. — Très belle épreuve.

REYNOLDS (d'après S.-J.).

587. *Bingham* (Miss). — *Spencer* (comtesse). Deux portraits par Bonnefoy. In-4°. — Belles épreuves.

REYNOLDYS (W.).

588. Le prince Adolphe et le maréchal Treytag faits prisonniers par les Français en 1793. — Belle épreuve.

RIGAUD (d'après L.).

589. Lovelace en Prison. — Belle épreuve.

ROSALBA (d'après la)

570. Jeune Fruitière italienne, par F. Haward. — Belle épreuve.

ROWLANDSON.

571. Le Triomphe de l'Hypocrisie, d'après Collings. — Belle épreuve.

572. *Amputation*, 1785.

573. *Interruption or Inconvenience of a Lodging House*, 1789.

574. *A Bawd on her last legs*, 1792.

575. Misères personnelles, 1807.

576. La Querelle au Jeu, 1790.

577. La Route de la Ruine. Pièce satirique très rare.

578. *Transplanting of teeth*, 1787.

578 *bis.* Le Mal de Mer, 1795.

578 *ter.* Le Coureur. — Le Cuisinier. — La Femme de chambre. — La Gouvernante. — Le Groom. — Le Maître d'office. — La Portière. — Le Suisse. Huit pièces. — Toutes les pièces précédentes, des plus jolies de l'œuvre de Rowlandson, sont en très belles épreuves et en très bel état.

SAYER (R.).

579. *Jack gote fofe into post with his Prize*. — Très belle épreuve.

SINGLETON (d'après W.).

580. Le Vicaire de Paris recevant la Dîme. — Le Curé de Paris. Deux pièces par J. Burke. — Belles épreuves.

581. *British Plenty*. — *Scarcity in India*, par C. Knight. Deux pièces faisant pendants. — Belles épreuves.

SMITH (d'après J. R.)

582. L'Affection conjugale, par R. Thew. — Très belle épreuve. A toutes marges.

583. L'Astrologue (*Credulous lady and Astrologer*), par P. Simon. — Jolie composition. Très belle épreuve.

584. *The Moralist*, par Nutter. — Belle épreuve.

585. La Société dans la Solitude, par Laneau. — Très belle épreuve.

586. Léonora aux funérailles d'Arabert, par R. Pollard. — Très belle épreuve.

587. Les Adieux du Soldat. — Très belle épreuve.

SMITH (Miss).

588. Vues du Pays de Galles. Six pièces.

STADLER et autres.

589. Vues de Londres : *View of the admiralty. — A Bird's Eye view of coven garden market. — A view of the Horse Guards. — Eastindiashouse. — South east view of Saint Paul's cathedrale. — A south view of the new custom house. — Southwark Iron Bridge. — A view of the royal exchange. View of Waterloo bridge.* Neuf pièces. — Très belles épreuves. Toutes marges.

STOTHARD (d'après).

590. Sujets tirés de Werther. Deux pièces par Parker. — Très belles épreuves.

591. *A Sailor's return in Peace*, par B. Ward. — Belle épreuve.

592. *The fall of Rosamond*, par Blake. — Belle épreuve.

593. Les Enfants dans le Bois, par E. Scott. — Belle épreuve.

594. Marguerite d'Anjou, par C. White. — Belle épreuve.

595. Catherine de France présentée à Henri V, au théâtre de Troye, par Ant. Cardon. — Très belle épreuve.

SUTHERLAND et J. Clark.

596. Vues du château de Windsor et de la ville d'Edimbourg. — Très belles épreuves. Toutes marges.

VENDRAMINI (J.).

597. Madame Decamp, dans le rôle d'Uranie, d'après P. Jean.
In-folio. — Belle épreuve.

WARD (d'après J.).

598. *Inside of a Country Alehouse. — Outside of a Country Ale-house.* Deux pièces par W. Ward. — Très belles épreuves.

599. Études d'animaux d'après nature. Suite de six pièces.

WEHTALL (d'après).

600. Faneurs pendant l'orage, par C. Knight. — Belle épreuve.

601. *Hop Pickers*, par Bonnefoy. — Belle épreuve.

WHEATLEY (d'après F.).

602. Jeune Femme lisant assise sur un canapé, par R. Stanier. — Superbe épreuve.

603. *Celadon and Celia. —* A Lover's Anger. Deux pièces par P. Simon. — Très belles épreuves.

604. L'Indiscrétion, par J. Delatre. — Belle épreuve.

605. Ah! mon Dieu! qu'il fait froid! — Quelle douceur dans le zéphir! Deux pièces par Lecœur. — Belles épreuves.

606. Le Départ de la Laitière. — Le Retour de la Laitière. Deux pièces par C. Turner. — Belles épreuves.

607. La Marchande d'Allumettes. — La Marchande de maquereaux. Deux pièces par Cardon et Schiavonetti. — Belles épreuves.

608. Le Retour du Marché, par Knight. — Belle épreuve.

609. Le Rustique Amoureux, par Knight. — Belle épreuve.

610. Le Curé de Village. — Le Concert champêtre. Deux pièces. — Belles épreuves.

611. L'Avis paternel. — Le Curé de Campagne. Deux pièces par Field. — Belles épreuves.

612. *The four Phials*, par W. Ward. — Très belle épreuve.

WILLIAMS (d'après).

613. *Courtship* (la Galanterie). — Matrimony (le Mariage). Deux pièces par F. Jukès. — Très belles épreuves. Rares.

WHITE (C.-W.).

614. L'Instruction maternelle, d'après E. Crenc. Belle épreuve.

ZUCCARELLI (d'après).

615. Vénus et l'Amour, par V.-M. Picot. — Belle épreuve.

616. Sous ce numéro seront vendus différents lots d'estampes non cataloguées.

Paris. — Typ. G. Chamerot, 19, rue des Saints-Pères. — 10955.

M. de G —
42 —
168 —
598 —